LA LECHE

DE LA VACA AL ENVASE

Aliki

Editorial Juventud

Para Ruedi y Annemarie, Oskar y Ruth,
Erich y Barbara, Herbert e Iris,
y para todos los niños del mundo.

Gracias a Joseph Kagan y a Franz Xaver Albisser por su ayuda.

Las ilustraciones de este libro han sido hechas con una combinación de tinta, acuarelas y pasteles.

Título de la edición original: MILK FROM COW TO CARTON
© Aliki Brandenberg, 1974, 1992
Publicado por acuerdo con HarperCollins Publishers, Inc..
© de la traducción española:
EDITORIAL JUVENTUD, S. A.
Provença, 101 - 08029 Barcelona
E-mail: infor@editorialjuventud.es
www.editorialjuventud.es
Traducción: Herminia Dauer
Cuarta edición, 2007
ISBN: 978-84-261-2757-0
Depósito legal: B. 46.181-2007
Núm. de edición de E. J.: 11.036
Impreso en España - Printed in Spain
Ediprint, Llobregat, 36 - 08291 Ripollet (Barcelona)

LA LECHE

DE LA VACA AL ENVASE

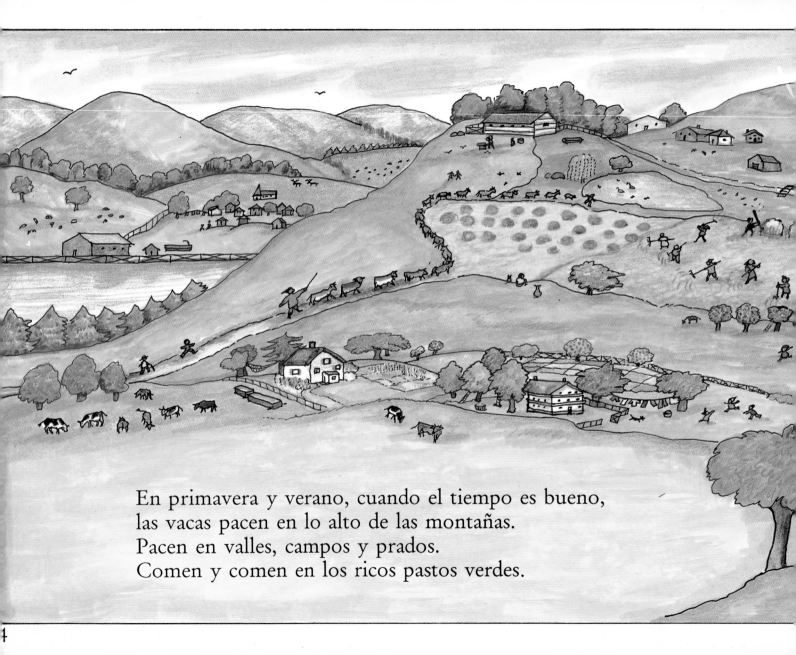

En primavera y verano, cuando el tiempo es bueno,
las vacas pacen en lo alto de las montañas.
Pacen en valles, campos y prados.
Comen y comen en los ricos pastos verdes.

Cerca de las vacas, el granjero y sus ayudantes
cortan hierba, que luego ponen a secar al sol.
Preparan el heno para los meses fríos.

En invierno, las vacas permanecen en el establo,
protegidas y calientes.
Allí comen el heno.
La buena hierba del verano y el buen heno del invierno
son comida sana para una vaca.
Cuanto mejor se alimente una vaca,
mejor será la leche que dé.

Cuando una vaca come, arranca la hierba
con la lengua y los dientes.
Traga la comida muy deprisa.
Apenas la mastica.
La vaca guarda el alimento en el primero o segundo
de sus cuatro estómagos.
¡Pues sí! Una vaca tiene cuatro estómagos.
Después, cuando la vaca ha acabado de comer,
se echa a descansar y vuelve a masticar la comida.
Para eso regurgita del estómago a la boca
porciones de hierba sin masticar.
La vaca la mastica entonces poco a poco.
Parece que masque chicle.
Finalmente vuelve a tragar la comida.

Cuando una vaca ha tragado toda su comida,
los estómagos tercero y cuarto digieren aún mejor el alimento.
Parte de la comida se transforma en leche.
El resto es alimento para la vaca.

Los estómagos de la vaca son cuatro: 1. Panza   2. Redecilla   3. Librillo   4. Cuajar

A. La comida sin masticar pasa a los estómagos 1 y 2.
B. La comida sin masticar es regurgitada para ser masticada.
C. La comida bien masticada pasa a los estómagos 3 y 4.
D. Parte del alimento se convierte en leche.

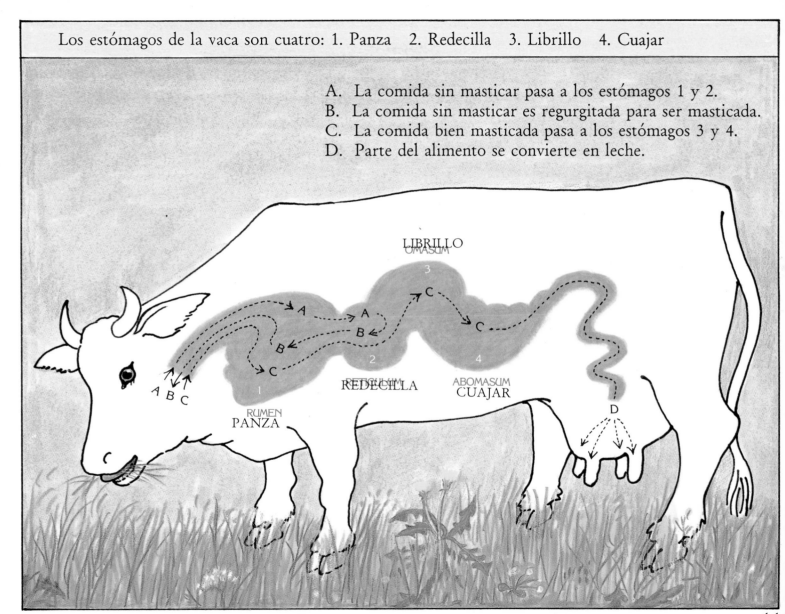

Una vaca comienza a dar leche cuando tiene una cría.
La leche es el alimento de la ternera recién nacida.
La vaca sigue teniendo leche aunque la cría ya no la necesite.
Cuando la ternera empieza a comer hierba,
la leche de la vaca puede servirnos de alimento a nosotros.
Las vacas producen gran cantidad de leche.
Una vaca sana y satisfecha puede dar unos treinta litros al día.

El verano pasado, mi hermano y yo visitamos una granja
situada en las montañas.
El oscuro y húmedo establo olía a paja y vacas.
El olor era tan fuerte, que tuve que taparme la nariz.
Pero luego me acostumbré y... hasta me gustó.

Era la hora del ordeño.
Las vacas son ordeñadas dos veces al día,
a primera hora de la mañana y a última hora de la tarde.
A nosotros nos gustó verlo.

15

La leche se forma y se acumula en la ubre de la vaca.
La ubre es una bolsa con cuatro tetas.
A la hora del ordeño, la ubre está llena.
Cuando se exprime una teta, sale la leche.

El granjero lavó las tetas de la vaca.
Después las exprimió.
Dejó caer un chorro de leche en una taza, y la probamos.
La leche cruda estaba templada y era rica.
Luego miramos cómo el granjero ordeñaba sus vacas.
El hombre apuntó cuánta leche había dado cada una.

Los granjeros que tienen muchas vacas,
utilizan una ordeñadora mecánica.
Este aparato tiene cuatro tubos
que se aplican a los pezones de la vaca.
Por medio de una bomba, la leche pasa a un recipiente cubierto.
El ordeño nunca produce dolor a la vaca, sino al contrario.
Después, el animal siente alivio.

La leche cruda se deposita en un tanque refrigerado.
De allí pasa diariamente a un camión cisterna,
también refrigerado, para ser trasladada
a la industria de productos lácteos.

CENTRAL LECHERA

CENTRAL
LECHERA

LECHE CRUDA

TÉCNICO DE LABORATORIO
(analiza una muestra de leche)

La leche cruda se trata en las instalaciones industriales.
Allí recogen la leche en unos grandes tanques.
La leche fluye de un aparato a otro por largas tuberías.
Unas máquinas homogeneizan y pasteurizan la leche,
y otras la envasan.

Una central lechera es un sitio muy limpio.
Las paredes y el suelo están inmaculados.
Se limpian cada día por dentro y por fuera
las tuberías, los depósitos y las máquinas.
En una central lechera nunca deberás taparte la nariz.

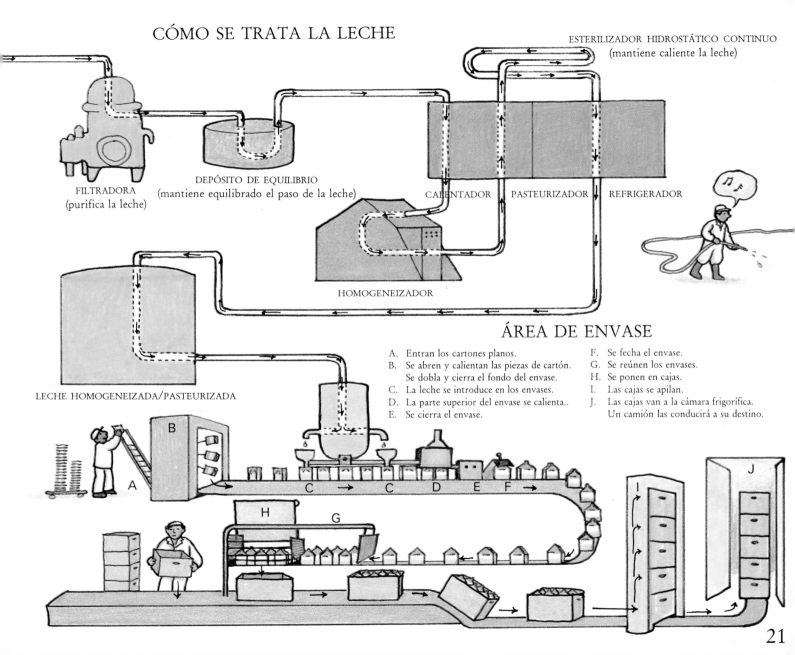

CÓMO SE TRATA LA LECHE

ESTERILIZADOR HIDROSTÁTICO CONTINUO
(mantiene caliente la leche)

FILTRADORA
(purifica la leche)

DEPÓSITO DE EQUILIBRIO
(mantiene equilibrado el paso de la leche)

CALENTADOR   PASTEURIZADOR   REFRIGERADOR

HOMOGENEIZADOR

LECHE HOMOGENEIZADA/PASTEURIZADA

ÁREA DE ENVASE

A. Entran los cartones planos.
B. Se abren y calientan las piezas de cartón.
   Se dobla y cierra el fondo del envase.
C. La leche se introduce en los envases.
D. La parte superior del envase se calienta..
E. Se cierra el envase.

F. Se fecha el envase.
G. Se reúnen los envases.
H. Se ponen en cajas.
I. Las cajas se apilan.
J. Las cajas van a la cámara frigorífica.
   Un camión las conducirá a su destino.

21

Cuando la leche llega a la industria lechera,
inmediatamente se analiza una muestra.
En el laboratorio se comprueban la frescura
y el contenido en grasa de la leche.
La grasa es la crema que sube a la superficie
cuando la leche ha reposado.
Cuanto más cremosa es la leche,
mejor se le paga al granjero.

Si la leche ha pasado la inspección, comienza el tratamiento.
La mayor parte de la leche es homogeneizada en una máquina.
Homogeneizar significa uniformar la leche.
La grasa es desmenuzada y se mezcla con el resto de la leche.
De este modo, ya no sube en forma de crema
a la superficie de la leche.

La leche entera homogeneizada es cremosa y alimenticia.
Algunas personas la consideran demasiado cremosa.
Para ellas hay leche tratada de otros modos.
A la leche descremada se le ha extraído toda la grasa.
También se vende leche semidescremada.
La crema de leche se envasa por separado.

La leche se calienta y enfría al pasar por el pasteurizador.

Una vez homogeneizada, la leche se pasteuriza para eliminar los gérmenes nocivos.
La calientan rápidamente hasta llegar casi a hervir.
Luego la enfrían enseguida.
La pasteurización fue inventada por Louis Pasteur.

Louis Pasteur (1822-1895), el científico francés, se hizo famoso al descubrir el modo de eliminar los gérmenes peligrosos de la leche.

Una vez tratada la leche, se envasa
en botellas y cajas de cartón.
Cada envase lleva una etiqueta
que indica la clase de leche que contiene.
¿Cuál tomas tú?

La mía dice
"leche
pasteurizada
descremada".

La mía,
"leche
homogeneizada y
pasteurizada,
con
vitamina D".

Yo tomo
"leche pasteurizada
y homogeneizada,
desnatada y enriquecida".
Sólo contiene un 2% de
grasa por litro, sin adición
de sólidos grasos.

En la industrial lechera también preparan otros productos.

Los productos lácteos contienen proteínas,
vitaminas y minerales, como el calcio,
que te dan energía y te fortalecen.

La mayor parte de la leche que tomamos, procede de las vacas.
Pero todos los mamíferos dan leche.
En algunos países donde no abundan las vacas,
la gente toma leche de cabra y de oveja.

Los granjeros también elaboran quesos con estas clases de leche.

Primero hiervo la leche.

Luego añado cuajo, una sustancia que solidifica la leche.

La leche se divide entonces en cuajada y suero. La cuajada es una especie de requesón.

¡Yo me beberé el suero!

Pongo la cuajada en bolsas de tela y la cuelgo para que se escurra. Esta misma noche podremos comer el nuevo queso.

¡Ansío probarlo!

Pongo la otra bolsa de queso en salmuera. La sal lo mantendrá fresco mientras se cura y endurece.

¡Hice el pan a tiempo!

Y lo podremos comer el mes que viene, ¡si podemos esperar!

También tú puedes hacer de granjero en tu cocina
y preparar mantequilla.
La mantequilla puede hacerse a mano o con batidora eléctrica.
Poned medio litro de crema espesa en un cuenco.
Bátela con fuerza.

Primero, la crema se convertirá en nata.
Sigue batiéndola, y cambiará de nuevo.
la nata se separará del suero y formará una grasa.
Retira el suero... ¡y tendrás mantequilla!

31

¡Qué raro! Sé que la leche proviene de vacas
y de otros animales que comen hierba.
Pero la hierba es verde, y la leche es blanca.
Me pregunto cómo sucederá eso. ¿Tú no?

Q a Qq

a